Serie LITERATURA · obras

© *Catártica* · Sandra Marchena Rejas

© Diseño de portada, colección y editorial:
Proyecto Ñaque, S.L.

Director de colecciones:
Fernando Bercebal Guerrero

© De esta edición:
ÑAQUE Editora
Camino de los Bonetes, 24
28250 · Torrelodones
ESPAÑA

1ª Edición, 2024

Depósito legal M-23395-2024
ISBN 978-84-10217-09-6

Impreso en:
Gráficas Alto Tajo

Catártica

Sandra Marchena Rejas

PRÓLOGO A *CATÁRTICA*

Recuerdo estar sentada en una butaca de teatro. Expectante, con la mirada puesta sobre el escenario. Pocos momentos después, salió la actriz a escena, y a mí me brillaban los ojos.

Soy una romántica, no lo puedo evitar. Pero por primera vez iba a ser testigo de los inicios y el nacimiento de una obra de teatro.

Lo que empezó siendo un montón de hojas, apuntes y un Word lleno de sucesos caóticos y extraños (ya lo verás, pero al personaje principal le pasa de todo, como si le hubiese mirado un tuerto), ha culminado en Catártica. Una obra perfilada, llena de humor ácido, imágenes vivas y mundos que solo Sandra Marchena puede imaginar.

Te animo a que leas el texto que tienes entre las manos. Te puede parecer una locura, pero hay conexión entre tu mundo y el de Alejandra, el personaje de la obra.

Como tú, Alejandra no deja de ser una persona que lucha por salir a flote en una sociedad tiránica y oportunista. ¿Te suena de algo? Te doy la bienvenida a un neoliberalismo con dientes de tiburón.

Coge la coctelera. Une a una mujer de 50 años dentro de un mercado laboral feroz, y añádele a la mezcla bondad y mucho miedo. Tienes el cóctel perfecto: Margarita Frozen, la bebida favorita de Alejandra.

Piénsalo. Todos buscamos mejorar, avanzar, que el que nos mira con mirada hostil nos valore, tener éxito laboral, hacer algo que justifique nuestra existencia. Sentirnos vivos. Ese es el periplo de la protagonista de esta obra.

Sé que no es fácil escribir teatro, y menos cuando lo haces desde el rincón de la vulnerabilidad. El resultado es un texto auténtico, con muchas piruetas y que genera risa, a la vez que llanto.

Así que sí, lo confieso. Reí y lloré (mucho) en mi butaca del teatro.
El texto parece inocente, pero te atraviesa de distintas formas.
Me di cuenta al final. Cuando se encendió la luz y me levanté a aplaudir, miré a mi alrededor y vi que no era la única que había llorado en la sala.

Mila Coco

POSIDONIA

Conozco a Sandra desde siempre, "siempre" referido a ese presente continuo, a esa manera en la que el tiempo se manifiesta en este limbo permanente que significa ser intérprete.

Ella siempre ha estado ahí, a un lado o al otro, delante o detrás, en ese pelotón que conformamos los que participamos en esta carrera de fondo que es nuestra profesión.

Siempre con el anhelo de seguir perteneciendo, de seguir permaneciendo; nos hemos ido cruzando en platós, escenarios, salas de ensayo o patios de butacas y siempre he reconocido la ilusión en ella, esa ilusión que permanece a pesar de los sinsabores. Y siempre nos ha ilusionado encontrarnos, y para mí siempre ha sido motivo de pequeña celebración interna, de orgullo de compañero.

Hace poco nos volvimos a encontrar. Esta vez en un taller de escritura. Allí fui testigo afortunado del nacimiento de este texto. Todas las veces que compartía sus avances me pareció que Sandra era fiel a Sandra, con sinceridad y emoción y poniendo su talento y sabiduría de actriz al servicio de la escritora, para compartir con todos nosotros y ahora también con vosotros esta catarsis. Una confesión. Una invocación.

Un reconocimiento de la necesidad íntima, que al menos yo comparto, de seguir siendo amados, de seguir perteneciendo y de seguir buscando nuestra posidonia; siempre.

Cristóbal Suárez

Sandra Marchena Rejas

Sandra Marchena Rejas empieza su andadura como dramaturga en la compañía Viéndolas Venir, escribiendo a cuatro manos con Miguelángel Flores, piezas performáticas con temática social para el Ayto. de Sabadell. En Madrid, se estrena como monologuista en *La catarsis del tomatazo* y en el certamen de Producciones Kalliste. Ha representado sus propios monólogos de *stand up comedy*, en gira y televisión, en Paramount Comedy, El Club de la comedia o Sopa de Gansos. Ha participado en series como *Motivos Personales*, *Círculo Rojo*, *Amar en tiempos revueltos*, *Hospital Central*, *La señora*, *Impares*, *El Divo*, *Acacias 38* o *Salón de Té La Moderna*. Ha escrito, producido y dirigido los montajes *Descansa de lo tuyo, bonita*, teatro Infanta Isabel; *Casualmente destinados*, Sala tú; *Ojalá te hubiera conocido vivo*, La casa de la portera y La Usina (con producción de Turbulencias Teatro); *Maldito Karaoke*, Teatro del barrio; *SINCRONÍA (Una comedia amarga)*, salas Plot Point y Lola Membrives –texto publicado en VdB, grupo Éride–; *Amaya*, texto inspirado en las vivencias de Amaia Lizarralde, premio "Álex Angulo" al mejor montaje en castellano en las IX jornadas de teatro breve de Pabellón 6; *Playmobil Vudú*, microobra elegida para participar en el ciclo de lecturas dramatizadas de la 25 edición del SILT. Y *CATÁRTICA*, coproducida por Producciones Evoca, Teatros Luchana.

Agradecimientos

Gracias por confiar en mí y en este texto: Ismael, Ángela, Álvaro, Néstor, Rafa, Roberta, Rebeca, Lucía, Manuel D, Alejandra, Alessandro, Laura, José, José Antonio, Mila,Cristóbal, José Antonio, Inma, Gusi, Óscar, Juan, Juanma, Jorge, Liberty, Víctor, Alejandro, Ángel y Carmen, Cafetería Tormes y parroquian@s, Fotogramas, Teatros Luchana, Producciones Evoca, Fernando y Ñaque Editora. A mis padres y mi hermana, y a l@s que habéis venido a ver CATÁRTICA.

Y gracias al *stand up comedy*:

Este texto tiene tanto de dramaturgia –aprendida en mis lecturas, en todo el teatro que he visto y en los talleres de dramaturg@S a l@S que admiro–, como de este género; sin mi bagaje como monologuista esta obra no existiría, ni tendría ese "no sé qué" que solo el *stand up* puede hilvanar y transmitir. Gracias, Lucía, por hacérmelo ver.

CATÁRTICA

de

Sandra Marchena Rejas

Dispositivo escénico

AL FONDO DEL ESCENARIO ESTÁ INSTALADA UNA PANTALLA EN LA QUE SE PROYECTAN TEXTOS E IMÁGENES CUANDO SE ESPECIFICA.

Pautas de lectura

/ INDICA QUE LA RÉPLICA QUEDA INTERRUMPIDA POR LA SIGUIENTE.

// DELIMITAN UN FRAGMENTO DE RÉPLICA QUE ES SIMULTÁNEO CON LA SIGUIENTE.

EN EL MONÓLOGO FINAL, LA TIPOGRAFÍA DE LOS DISTINTOS PERSONAJES QUE ENCARNA ALEJANDRA, ES VERSALITA.

Espacio

EL ESCENARIO DE UN TEATRO. EN LAS ESCENAS —LLAMADAS POMODOROS—, CON ALGUNOS ELEMENTOS Y LA LUZ ADECUADA, SE TRANSPORTA AL ESPECTADOR A OTROS LUGARES Y ÉPOCAS.

UN CAÑÓN DE LUZ ILUMINA UN PIE DE MICRO. DESPUÉS DE UNOS SEGUNDOS ENTRA ALEJANDRA ESPÍNOLA VESTIDA CON UNA CAMISETA, UN VAQUERO Y UNA AMERICANA DE LENTEJUELAS NEGRA; SU INDUMENTARIA RECUERDA A LA QUE SOLÍA LLEVAR CUANDO TRABAJABA COMO MONOLOGUISTA.

ALEJANDRA   Buenas noches querido público, gracias por venir. (*MIRANDO HACIA SU IZQUIERDA, AL FRENTE*). Desde mi escritorio, observo el calendario del Fotogramas: Paul Newman –en una barquita, remando junto a su hija, un día soleado– me sonríe; eso en la parte de arriba, en la hoja de abajo: martes 12, dentista, sábado 23, boda. Arriba, el sueño americano; abajo, la realidad. (*PAUSA*). Hace mucho que no grabo ninguna secuencia de ninguna serie, ni de ninguna película, ni represento la función de ninguna obra, ni me llaman de ningún *casting*, ni participo en ningún concurso literario; ni tengo ninguna cita. (*PAUSA*). "NINGÚN" es el leitmotiv de mi vida desde hace... ¿Cuánto hace? Me levanto, quito las chinchetas, bajo dos hojas del calendario y Sophia Loren y Carlo Ponti me recuerdan que desde febrero, ¡nada de nada! (*MIENTRAS HACE LA ACCIÓN DE LEER*). Leo lo que he escrito y no me gusta; si fuera de otra persona y me pidiese opinión, le contestaría lo que siempre digo cuando algo me parece horroroso y no sé qué decir – Bueno..., hay cosas chulas. (*PAUSA*). Es que el ordenador no tiene glamour... (*AL ORDENADOR*). No te ofendas..., pero si no fluimos, a lo mejor... sí, te cambio por un lápiz o un bolígrafo, o por una máquina de escribir... (*AL PÚBLICO*). Es que es tan cinematográfico eso de encestar la hoja arrugada en la papelera de alambre gris... Siempre son así– las papeleras en las películas antiguas-. Bueno..., está la papelera pequeñita; el icono que hay en la barra de herramientas, abajo a la derecha; no está mal; cuando trasladas un documento a la papelera, el ordenador emite un sonido como a cristales rotos, casi casi apocalíptico. Me gusta mucho como suena; a veces traslado muchos documentos para oír el ruidito una y otra vez, una y otra vez, una y otra vez, una y otra... , ya, ya... Es que hace mucho tiempo que no hago nada..., ningún capítulo de ninguna..., ¿cuánto tiempo hace?

POMODORO 1

CAMERINO DE ALEJANDRA.

ALEJANDRA ESTÁ AJUSTÁNDOSE UN MOÑO POSTIZO ESTILO POMPADOUR ENORME, EN UN ESPEJO IMAGINARIO.

ALEJANDRA   Hemos retrocedido en el tiempo. Estamos en 2020 y trabajo desde hace más de cinco años en una serie diaria, interpretando a Rosafina, mi personaje, la madre de una muchacha de buena familia que quiere casarse con un mozo. Pero yo, bueno..., yo no; mi personaje quiere casarla con un rico heredero pero resulta que el susodicho no solo es heredero, también es gay –a colación, en el siglo XIX, "gay" quería decir amante y "gay house", burdel– pero volviendo al meollo; bueno..., ese es el meollo: al pobre muchacho lo denuncian por escándalo público y tiene que huir del país con una cédula falsa. Y madre mía, ¡qué drama más trágico y gótico! Y para más inri, yo... bueno, yo no; mi personaje es la esposa de un funcionario de la administración pública que juega un poco, bueno..., mucho, muchísimo; es ludópata, y dilapida nuestra fortuna jugando a las cartas y apostando en las carreras y nos arruinamos, aunque lo disimulamos –sobre todo yo, que hasta me remiendo los vestidos / para /

CASILDITA   ¿Usted, se remienda los vestidos?

ROSAFINA   Bueno, tú.

CASILDITA   (*IRÓNICAMENTE*). Yo no; mi personaje.

ROSAFINA   Esta es mi criada; un poco alzada pero ya le bajaré los humos.

CASILDITA   Que la he oído, señora.

ROSAFINA   Es lo que pretendía, ¡estulta!

CASILDITA   Le ha salido acento latino, señora.

ROSAFINA   (*IGNORÁNDOLA*). Más adelante, mi marido me deja en herencia una mina de oro –en España; pues sí, que se ve que existen–; y a todo esto, mi esposo muere en un atentado anarquista, porque mi criada /

CASILDITA   ¡Yo no sabía lo que iba a pasar!

ROSAFINA   Esconde /

CASILDITA   Que yo no lo sabía, señora; por / la Virgen de /

ROSAFINA   Un jarrón, con una bomba camuflada, en la iglesia donde mi marido, mi hija y mi yerno –el mozo, que ya nos llevamos bien–, y yo somos los invitados de honor en una boda de alto copete.

CASILDITA   Sí, eso es mucho de culebrones.

ROSAFINA   Sí; en las bodas siempre muere alguien; a mí mejor que no me inviten.

CASILDITA   Ni a mí.

ROSAFINA   ¡¿Y los funerales!?

CASILDITA   Uf sí, ¡qué cansancio más enorme!, ¡to el rato de pie y reza que te reza! ¡Y en latín! (*ENTONANDO*). ¡*Ora pro nobis*!

ROSAFINA   ¿Y las misas?

CASILDITA   ¡Mortales, qué cosa más larga! Y en pie también. ¡*Ora pro nobis*!

ROSAFINA   ¿Y las procesiones?

CASILDITA Con esos cirios más grandes que una servidora; y la cera que se escurre hasta por el refajo, y andando horas, a paso de tortuga. ¡*Ora pro nobis*!

ROSAFINA Y eso que tú no llevas tacones, ¡qué suerte tenéis los pobres! (*ROMPIENDO LA SINTONÍA QUE HAY ENTRE ELLAS*). Y a todo esto... , ¿tú no tienes nada que hacer?

CASILDITA No, señora, ya lo he hecho to: he comprao los habíos del/

ROSAFINA Entonces repasa la cubertería de plata, ¡pardiez!, que seguro que hay alguna pieza que no brilla.

CASILDITA Alpaca, querrá decir... (*SUSPIRA*). Anda, que si me tocara la lotería...

ROSAFINA Menos musarañas y más limpiar, que es lo que tienes que hacer, chisgarabís. (*AL PÚBLICO*). Me encanta ser señora.

CASILDITA Y tratarme mal.

ROSAFINA (*PERCATÁNDOSE*). Es verdad; es lo que más disfruto, ¿será porque en la vida soy tan comedida, tan buena, tan empática, tan...?

CASILDITA ¿Panoli?

ROSAFINA ¡Cómo te atreves, mequetrefe!

PELUQUERA (*CARDANDO EL MOÑO CON UN PEINE*). Pero, ¿qué te has hecho, corazón? ¿Te has recostado en el sofá, otra vez?

ALEJANDRA (*SALIENDO DE SU PERSONAJE TELENOVELESCO*). ¿Ahora eres la peluquera?

PELUQUERA Pues sí. ¡Y no te recuestes!, ¡que se te estropea el moño!

Catártica

ALEJANDRA ¡Qué no! (*SOTTOVOCE*). ¡Qué ganas tengo de verme sin este moño! (*AL PÚBLICO*). Cuidado con lo que deseas...

> *SE PROYECTAN DISTINTAS NOTICIAS E IMÁGENES SOBRE LA PANDEMIA DE LA COVID-19 Y SE OYEN SIRENAS, APLAUSOS, CACEROLADAS, ETC.*

ALEJANDRA (*AL PÚBLICO*): No sé vosotros, pero yo, a veces todavía siento la soledad pandémica calándome los huesos. Pero ese capítulo nos lo saltamos, ¿verdad? (*MIRÁNDOSE EN EL ESPEJO IMAGINARIO*). ¡Me encanta este moño!

PELUQUERA ¿Sí?

ALEJANDRA Sí, de siempre.

PELUQUERA ¡Actrices!

ALEJANDRA (*AL PÚBLICO*). A los actores y a las actrices nos hacen test de antígenos cada dos días, y cuando no estamos grabando llevamos mascarilla. Y en escena nos la podemos quitar. En secuencia se guardan mucho las distancias. No se dan besos ni abrazos; que un matrimonio sale a pasear..., en vez de ir del brazo, cada uno por su lado, qué corra el aire; que dos personajes se reencuentran... se saludan a lo lejos, muy muy a lo lejos, cómo si estuvieran enfadados; más que una serie de época parece un wéstern raruno... pese a todo, vamos muy bien de audiencia; todo es casi casi normal. Hasta que una mañana, la *script* – y digo "la" porque la mayoría de *scripts* son mujeres– nos da la noticia. – ¡Eh! ¡Que se acaba la serie! / – ¿Qué dices?/ –Sí, está en Instagram: "El canal da por concluido el contrato que le vincula con la productora".

22

PELUQUERA Vamos, que cancelan la serie. Las malas lenguas dicen que a una directiva no le hizo mucha gracia que no escogieran a su marido para un papel en la serie.

ALEJANDRA (AL PÚBLICO). ¡Peluqueras! ¡Se enteran de todo! Después, el productor ejecutivo –y digo "él" porque la mayoría son hombres– nos convoca fuera del plató, delante del cáterin y nos confirma la mala nueva –Lo siento mucho, pero es verdad. Gracias a todos. Por todo. Parecía que hasta él se había enterado por las redes. No hubo un "tenemos que hablar", un "vamos a tomarnos un tiempo", ni siquiera un "no eres tú, soy yo". La cadena tomó una decisión unilateral que afectaba a un centenar de familias y a un millón de espectadores. La televisión es que es muy/

PELUQUERA (QUITÁNDOLE EL MOÑO POSTIZO). Cabrona.

ALEJANDRA (A LA PELUQUERA) Yo iba a decir "despiadada" pero me vale. (AL PÚBLICO) Mucha gente me pregunta si fue un shock para mí el cambio de vida –por supuesto que echo de menos actuar para la cámara y a algunos compañeros /

PELUQUERA ¿Y a mí, no?

ALEJANDRA (A LA PELUQUERA) ¿Cómo te voy a echar de menos, si te tengo aquí pegada? (AL PÚBLICO). Pero no añoro madrugar, ni el cáterin, ni los cambios de orden en el plan de grabación, que hacían que te llamaran cuando no te tocaba trabajar.

PELUQUERA Ni el moño.

ALEJANDRA (A LA PELUQUERA). ¡Es que no me veía favorecida! (AL PÚBLICO). Cuando te ves en pantalla cada día –de los cuarenta y uno a los cuarenta y siete, justo cuando a tus células les da por empezar a morir en tromba–, verte un poco favorecida no viene mal. (*MIRÁNDOSE EN EL ESPEJO IMAGINARIO*). Necesito un cambio de look. ¡Ya! Conocéis a alguna peluquera que te diga "Oh, ¡qué pelazo!, ¡qué sano!, ¡no necesitas nada!" No. Todas –sin excepción– exclaman lo mismo:

ACTOR Y ACTRIZ (*EN EL ROL DE PELUQUERA Y A LA VEZ*): ¡Oh no! ¡Tienes las puntas abiertas!

A PARTIR DE AHORA, EL ACTOR ADOPTA EL ROL DE PELUQUERA Y LA ACTRIZ SE SITÚA EN SU PUESTO DE "ESCUCHA".

ALEJANDRA   Oh, vaya.

PELUQUERA   ¡Oh! ¡Nooooo!

ALEJANDRA   ¿Qué?

PELUQUERA   El folículo piloso...

ALEJANDRA   ¿El qué?

PELUQUERA   Tienes el folículo piloso obstruido.

ALEJANDRA   Oh, ¡qué terrible!, ¿y qué se puede hacer?

PELUQUERA   Nada, ya es tarde, no hay naaaaada que hacer; ¡si hubieras venido antes!

ALEJANDRA   Ya, es que lo vas dejando, lo vas dejando...

PELUQUERA   Existe un tratamiento, pero...

ALEJANDRA   ¿Qué?

PELUQUERA   Todavía no se ha probado en humanos.

PAUSA LARGA.

PELUQUERA   Solo se ha testado en cabezas de muñecas.

ALEJANDRA   Vaya, pues no sé si...

PELUQUERA   Ya es tarde; si hubieras venido antes.

ALEJANDRA   Ya, ya me lo has dicho, ¿y si me pones una vitamina?

PELUQUERA   ¿Una vitamina?

ALEJANDRA   Sí, una vitamina... una ampollita/

PELUQUERA   Una ampollita no es suficiente para ti. El tratamiento es lo mejor para tu caso de alopecia lateral.

ALEJANDRA   ¿Alopecia lateral? ¡Oh no! Pues venga, probemos, ¿ha tenido éxito? Quiero decir... las muñecas... ¿Están bien?

> EN LA PANTALLA SE PROYECTA UNA HILERA DE CABEZAS DE MUÑECAS SEXIS CON EL PELO RELUCIENTE Y LARGO Y EN MEDIO, UNA CABEZA BIZCA.

PELUQUERA   Hay algunos efectos secundarios; pero por lo demás..., ha sido un éxito.

ALEJANDRA   (*ANIMADA*): ¡Adelante! ¡Todo sea por la vida de mi cabello!

PELUQUERA   Muy bien. Aplicaremos un tratamiento regenerador de keratina, más colágeno y vitamina C para que tu melena recupere la vitalidad perdida por la edad y otros factores medioambientales y completaremos el tratamiento con un activador capilar, champú fortificante y complejo vitamínico extra que te aplicarás en casa entre diecinueve días y quinientas noches.

ALEJANDRA   Gracias, doctora, digo... peluquera, por salvar mi folículo.

PELUQUERA   A ti, corazón.

ALEJANDRA   De verdad, qué contenta..., si no llego a venir /

PELUQUERA   Tu pelo habría muerto.

ALEJANDRA   Todo el pelo está muerto, ¿no? (*PAUSA. AL PÚBLICO*). La peluquera me atraviesa el folículo con la mirada, bajo la mía y los veo..., ¡pobres pelitos!, ¡habéis caído fulminados! Perdonadme, ¡ha sido por el folículo! Súbitamente, la peluquera me pone del revés y mi cabeza acaba casi en su... huele a tinte y a laca y ella me dice cosas, pero no la entiendo porque solo oigo un zumbido en mis oídos... ¡oh, no!, ¿será un acúfeno? (*ALIVIADA*). Ah no, el secador, ¡menos mal! La peluquera me gira hacia el espejo.

PELUQUERA   ¿Te gusta?

ALEJANDRA NO REACCIONA.

ALEJANDRA   Sí..., me veo... más despejada. (al público).

PELUQUERA   Pues, a pagar...

ALEJANDRA   De repente, tengo el bolso y la chaqueta puestos y estoy delante del mostrador alto característico de todas las peluquerías –que mira que son feítos y contrahechos..., ¿y qué me decís del lavacabezas? Sin comentarios– y al otro lado, una carita joven y sonriente me dice...

CARITA JOVEN Y SONRIENTE   Tratamiento regenerador de Keratina, más colágeno, más vitamina C, más activador capilar champú fortificante, complejo vitamínico extra, más aceite acabado final Pentium, más secado a mano, más miniplancha, más laca finish: 399 euros. ¿Efectivo o tarjeta?

ALEJANDRA Tarjeta, tarjeta; gracias. (*AL PÚBLICO*). ¡Echo tanto de menos tener nómina! ¡Aish! (*MIRANDO HACIA EL CALENDARIO IMAGINARIO*). ¿Qué día es hoy? ¡Qué susto! Pensaba que me tocaba sellar el paro. En el calendario es 1965 y Richard Burton está posando en la playa. En ese entonces estaba casado con Elizabeth. ¿Habéis visto el documental sobre él en Netflix? Es interesante: Richard tenía un plan: ser famoso y rico —en parte para ayudar a su familia, lo que le honra— pero se encontró por el camino a Elizabeth Taylor interpretando a Cleopatra, y guapísima, toda una *star*. Y él pensó que le vendría de perlas liarse con ella para ser más y más famoso y más y más rico. Pero ella lo desarmó y creo que él, a ella también; supongo que porque no eran lo que siempre habían estado buscando; eran más bien todo lo contrario. (*PAUSA*). Mi última obra trataba sobre el desamor; creo que la escribí para comprender qué pasó. Y no lo entendí; pero descubrí porqué no pudo ser.

    PAUSA LARGA.

Cuando escribes te asaltan emociones que no puedes arrugar y tirar a la papelera, ni trasladar al icono del ordenador para dejarlas en *standby* y devolverlas al escritorio cuando tú quieras. Ni tampoco las puedes eliminar y enviar al ciberespacio y más allá para no verlas nunca más; porque las emociones no gravitan en el espacio, ni están encriptadas en el ordenador; ni se pueden reciclar... (*PAUSA*). Las emociones viven en ti, y cuándo menos te lo esperas... se activan; por sorpresa y sin remisión. (*PAUSA*). Bueno..., a veces, no tan por sorpresa. Admito que me va la marcha; Sí, porque yo sé que hay temas que van a abrir, sí o sí, esa carpeta inteligente que se llama DOLOR y que contiene todos los archivos que tienen algo en común: a mí.

POMODORO 2

CASA DE ALEJANDRA. CONVERSACIÓN TELEFÓNICA.

ALEJANDRA   Alicia, ¡qué sorpresa!

ALICIA   ¡Sí!

ALICIA Y ALEJANDRA (*A LA VEZ*): ¿Cómo estás?

RÍEN.

ALICIA   Bien, bien..., bueno..., regular.

ALEJANDRA   ¿Y eso?

ALICIA   No me llama nadie, Alejandra. Nadie. Me paso el día en pijama; no sé qué día es hoy.

ALEJANDRA   Ya, a mí me pasa igual, como en pandemia.

ALICIA   Peor; porque en pandemia nos hacíamos muchas videollamadas, con el vinito, ¿te acuerdas?

ALEJANDRA   Si quieres te hago una/

ALICIA   No, no; qué llevo unos pelos...

ALEJANDRA   No me hables de pelos..., ¿sabes que tengo el folículo obstruido?

ALICIA   Anda, ¿tienes alopecia androgénica?

ALEJANDRA   Sí. Y seborrea y calvicie crónica repentina. Ah, y alopecia lateral.

ALICIA   ¿Qué? Pero si eso no existe, será alopecia/

ALEJANDRA   Que sí, que me lo ha dicho la peluquera.

ALICIA   ¿Qué raro, no?

ALEJANDRA   Soy rara hasta para quedarme calva.

ALICIA   Pues sí, eres rara... y me encanta.

ALEJANDRA   Ya; siempre me lo dices.

ALICIA   No lo pierdas nunca, eso, eh...

ALEJANDRA   No, tranquila..., si aunque quiera...

ALICIA   ¿Y estás escribiendo?

ALEJANDRA   Bueno, algo..., y he enviado un texto mío a un teatro, a ver si/

ALICIA   ¡Qué casualidad! Por eso te llamo; estoy pensando en presentarme a un certamen que he visto.

ALEJANDRA   Anda, no sabía que escribieras, ¿y sobre qué /

ALICIA   ¿Por qué no le echas un vistazo y nos presentamos las dos al certamen?

ALEJANDRA   Bueno, pero...

ALICIA   Venga, te lo mando; eres la mejor. *The best in the world*! Y la más guapa.

ALEJANDRA   (*AL PÚBLICO*): Leo lo que me ha mandado.

> *MIMA LA ACCIÓN DE LEER, COMPARTIENDO ALGUNA MIRADA CON EL PÚBLICO, AL PRINCIPIO ILUSIONANTE, Y AL FINAL, DE ESPANTO.*

ALEJANDRA   (*AL PÚBLICO*): ¿Sabéis esos audios de más de cinco minutos que te mandan las personas que no están bien de la cabeza? Pues leer esto es peor, mucho peor; es... como estar más de diez horas seguidas en un concierto de música electrónica monótona y estridente –y sin drogarte– con una amiga borracha que te estruja el brazo como si fueras Bob Esponja, y que se te pega a la cara como una garrapata y te habla a todo volumen y tú no entiendes nada porque no vocaliza y se ríe y te escupe y se inclina hacia atrás, y tú la sujetas para que no se caiga; bueno... para no caernos las dos. (*SUSPIRA*). Y hablando de estar mal de la cabeza; cuando Alicia me llama; sí, le digo...

CONVERSACIÓN TELEFÓNICA.

ALEJANDRA   ¡Hay cosas chulas!

ALICIA   ¿Y qué es lo que más te ha gustado?

ALEJANDRA   Es que... hay tanto.

ALICIA   Pero dime algo, alguna frase/

ALEJANDRA   Sí, esa frase que dices que eres actriz y que nadie te llama/

ALICIA   Sí; sí, ¡Es que es buenísima, verdad?

ALEJANDRA   Sí, bueno, a ver si con eso se me ocurre algo...

ALICIA   Sí, y me lo mandas... *Kisses, kisses.*

ALEJANDRA   *Kisses, kisses.* (*AL PÚBLICO*): Empiezo a escribir; estoy muy conectada; es como si estuviera poseída. (*PAUSA*). Releo lo que he escrito y me parece... que está bien. ¡Sí! (*PAUSA*). ¿Pero y si mañana lo releo otra vez y pienso que es una /

CONVERSACIÓN TELEFÓNICA.

ALICIA   ¡Qué va, está genial! ¡Eres lo más!, ¡Qué talento! ¡La mejor! ¡Qué imaginación! *The best in the world*!

ALEJANDRA   Y he aprovechado tu frase.

ALICIA   Sí, ya te dije que era buenísima.

ALEJANDRA   Pensé que no te gustaría que escribiera sobre la muerte de tu ma/

ALICIA   No, no; me encanta, se me han saltado las lágrimas. ¡Qué sensibilidad! Y la escena de *itsasoa*...

ALEJANDRA   ¿De qué?

ALICIA   Del mar...

ALEJANDRA   ¿Qué?

ALICIA   Sin palabras.

ALEJANDRA   (*AL PÚBLICO*): Deambulo por mi piso; por todo el piso: salón, entrada, baño, cocina, dormitorio. (*PAUSA*). Y ya. No tengo más piso. Me asomo al balcón y observo el Parque del Oeste. Me duele la cabeza. Cierro y abro puertas; salgo y entro, busco cosas que no encuentro, voy a algún sitio, pero me detengo porque no sé adónde voy ni para qué. Me hago un café que derramo entre los fogones, me quemo con la cafetera. Ya sé lo que voy a hacer... ¡Sí! Me voy al Carrefour a comprarme una caja de Ferrero Rocher, la necesito. (*PAUSA*). ¡Oh, no!, De fondo suena Corazón Partío de Alejandro Sanz. ¿No podrían poner salsa o música zen? ¡O cuencos tibetanos! Om, om, om, oooom. Que alguien se te cuela en la cola: Pase usted. Namasté. (*PAUSA*). Me pierdo por los pasillos: en el de aperitivos no hay ni patatas onduladas ni palomitas ni Cheetos, ¡qué éxito! Es que los Cheetos están muy ricos. Es que a veces necesito comer cosas insanas, ¿a vosotros no os pasa? ¿No? Que vais de guays o qué... En la nevera no hay pollo; solo una bandejita solitaria, (*A LA BANDEJA*): Nadie te elige, eh... sé cómo te sientes. Aunque mejor, ahí sola, fresquita..., imagínate que te coge alguien y acabas escaldada, o frita...

Casi sin darme cuenta estoy con mi arsenal en la cola de la caja. Tengo a cinco personas delante de mí, seis... se me acaba de colar una señora bajita con el pelo morado... pase usted, *namasté*. (*PAUSA*). Me gusta fijarme en lo que más consume la gente. Empecé a hacerlo en pandemia. (*PAUSA*). Todos sabemos qué es lo que más se consumió en pandemia, ¿verdad? (*PAUSA*). No es lo que estáis pensando; lo que ganó por goleada, fue la cerveza; que lo he buscado. Pues sí; la gente prefería emborracharse antes que limpiarse el culo. Casi sin darme cuenta, estoy en la caja y la chica de siempre me dice lo de siempre.

CAJERA ¡Qué bien lo hacías! ¡Me encantaba tu personaje!

ALEJANDRA Muchas gracias.

CAJERA ¿Y cuándo te volvemos a ver en la tele?

ALEJANDRA (*AL PÚBLICO*): Estoy a punto de darle la respuesta estándar –Pues no sé, a ver si pronto..., pero un torrente de rabia se apodera de mí y le contesto –Es que no se escriben papeles para mujeres en la edad tonta, ¿que qué es la edad tonta? De los cuarenta a los sesenta –que será tonta, pero también muy larga–, amiga... (*MIRANDO LA SOLAPA DE LA CAJERA*) Felisa. Además, yo creo que los productores ejecutivos –los que eligen a las actrices– no me ven como alguien molón con quién les gustaría trabajar y luego irse a tomar unas copas y lo que surja, amiga Felisa, porque son unos señoros que contratan a mujeres que tienen bien etiquetadas: con esta me acostaría, con esta no, con esta, bueno... tiene más de veinte, pero cuando se arregla no está mal..., y con esta... ¡ni de coña!, que es una feminazi y nos corta el rollo a mí y a mis amigotes, que nos merecemos estar felices y tranquilos sin pensar en la paridad ni mandangas, y darnos trabajo unos a otros todo el rabo, digo..., ¡todo el rato! Y haciendo adaptaciones de series que perpetúan los roles patriarcales, en las que la protagonista púber se enamora del bueno pero el malo se enamora de ella también, ¡oh, sorpresa! Y además, amiga Felisa, yo creo que ningún director de *casting* –que es el que hace las pruebas a las actrices que luego contratan los productores–, ha visto mi trabajo de más de seis años en una serie diaria, porque están muy ocupados impartiendo cursos de *casting* a actores y actrices que estamos en el paro y que no hacemos castings; o a lo mejor lo han visto, pero no les ha gustado y por esas cosas y otras muchas que ni me imagino y mejor porque a lo mejor si las sé, me suidico... yo creo que no podrás vermen en la tele nunca más, amiga Felisa.

CAJERA (*EMOCIONADA*). ¿Tarjeta Día?

ALEJANDRA Perdona, se me ha ido, perdona...

CAJERA Tranquila..., otro día te cuento lo que vivimos aquí, vas a alucinar... ¿Has oído hablar del sindicato de cajeras?

ALEJANDRA No.

CAJERA Pues eso, amiga Rosafina/

ALEJANDRA Alejandra, me llamo Alejandra.

CAJERA ¡Sí, sí! ¡Alejandra! Si en la cabecera me llamaba mucho la atención tu apellido, ¿cómo era?

ALEJANDRA   Me apellido/

CAJERA   (*MIRANDO HACIA LA COLA*). ¡Que sí, que ya voy! ¡Ay!, perdona, tengo que seguir atendiendo.

ALEJANDRA   Claro, claro; perdona, hasta luego.

CAJERA   (*A LO LEJOS*). ¡Alejandra!

ALEJANDRA   ¿Qué?

CAJERA   ¡Vales mucho! Seguro que te llaman pronto; y si no, ellos se lo pierden.

ALEJANDRA   Muchas gracias, Felisa. (*PAUSA*). Casi sin darme cuenta estoy en casa, observando mi último Ferrero Rocher –No me mires así, los dos sabíamos lo que iba a pasar. Ojalá fuera sano fumar, como en las primeras películas de Woody Allen. (*PAUSA*). A veces me imagino que soy un detective privado y que fumo sin parar pitillos sin boquilla y que escribo mis informes en una máquina de escribir Underwood, la que utiliza el protagonista de "Perdición" y que tengo una papelera de verdad y lanzo hojas arrugadas, y me imagino también que mi despacho está envuelto en humo, y que suena un saxofón tristemente estridente de fondo. Me imagino que soy un tipo duro –no la *femme fatale*–, el tipo duro; bueno..., o tipa dura... ¡Basta! Me dejo de tontainas e intento comportarme como si tuviera casi cincuenta años; se me acelera el corazón y me sale agüilla de la nariz, que me da mucha rabia, me pasa cuando estoy nerviosa. Y me pregunto: ¿Le tengo pánico escénico a la vida? Y luego me pregunto... ¿Por qué seré tan intensa? Soy como Penélope Cruz, que una vez le preguntaron: ¿Eres intensa? Y ella contestó: ¿Yo? Cada día. Respiro profundamente y por fin... hago lo que tengo que hacer. (*PAUSA*). Llamar a Alicia.

Hola, Alicia, (...) ¿Bien, y tú? (...) Sí, pues justo te quería hablar de eso, es que mira que... que quiero aparecer como única autora de la obra, porque (...) pero (...) No, no es así (...) Es que si decimos eso, será mentir, no somos "coescritoras", y no se dice así, se dice coauto / (...) Ya, pero (...) Sí, bueno (...) ¿Qué? No, a ver (...) Sí, tu trabajo de campo ha sido muy importante, pero es que yo te indiqué en qué fijarte (...) ¿Tu escena del notario? ¡A ti no se te ocurrió! Yo te (...) ¿Qué? No, Alicia; lo de centrarte en lo de tu madre se me ocurrió a mí (...) Eso me lo he inventado yo (...) ¿Qué? No. Eso es recopilar, escribir es otra cosa (...) Pero eso no (...) Porque pensé que te lo iba a revisar y ya, ¡no que lo escribiría entero! (...) ¿Entre las dos? Pero es que no es verdad (...) Escribir no es (...) A ver, ¿tú qué quieres..., fardar de escritora?

Un mes más tarde, Alicia me envía un wasap. Es un vídeo. (*PAUSA*). Lo abro.

ALICIA, CON LA CHAQUETA DE LENTEJUELAS DE ALEJANDRA PUESTA, ILUMINADA EN EL PIE DE MICRO DESPLIEGA UNA HOJA DE PAPEL, SE DISPONE A HABLAR, PERO NO PUEDE POR LA EMOCIÓN, ROMPE EL FOLIO Y SE DISPONE A "IMPROVISAR".

ALICIA   Lo que siento, lo que quiero expresar, no lo pueden reflejar estas palabras que con tanto cariño había escrito para vosotros, por si llegaba este momento; lo veía difícil, porque hay tanto talento en las propuestas de este año; son todas, tan... (*SUSPIRA*). Pero algo dentro de mí, me decía que iba a ganar. Y sí, al final sí. (*LLORA*). *Oh, my God*. Gracias, gracias por este premio. Estoy tan feliz, *I can't believe it*. Esto es un sueño. Escribir algo tan... tan... personal e íntimo ha sido todo un desafío para mí. Cuando se me ocurrió escribir sobre mi pérdida, jamás me imaginé que mi experiencia generara tanta empatía. Si con este texto he ayudado a reconfortar a todos los que habéis pasado por lo mismo que yo, ya me doy por satisfecha. De verdad, gracias infinitas al jurado por este premio, a los demás participantes y, sobre todo, sobre todo... al maravilloso equipo de este montaje. Y por último... gracias a mi familia. Este texto lo he escrito para y por mi madre. (*MIRANDO AL TECHO*). Va por ti, mamá, seguro que desde el cielo, me estás mirando y estás orgullosa de mí y eso me hace muy... feliz. Te quiero, *amuchi*.

ALICIA RECAE EN ALEJANDRA.

ALICIA   Ups, ¡Soy una metepata!, no te he mencionado. ¡Ha sido muy emocionante! Pero en Instagram te menciono, ¡digo que somos coescritoras! (*DÁNDOLE LA CHAQUETA*). ¡Qué estilazo! ¡No cambies nunca!

LA ACTRIZ VA HACIA SU ZONA DE ESCUCHA.
ALEJANDRA, MIENTRAS, DEJA LA AMERICANA
CON CUIDADO Y COGE UNA CARACOLA.

ALEJANDRA   (*AL PÚBLICO*): Cojo la caracola de la estantería y la poso en mi oreja. (*CERRANDO LOS OJOS*). Cierro los ojos y me imagino que estoy en Menorca, en la orilla. Contemplando las olas, vienen y van, vienen y van... ¡qué bien inventada está la posidonia! Es molesta, sientes que se te pega, que no puedes avanzar; pero gracias a ella el fondo marino sobrevive y el agua tiene ese color tan..., ese azul... (*PAUSA*). Por un momento cesa el discurso de Alicia que resuena en mi cabeza, y el tictac..., ese tictac que me dice –tienes casi cincuenta años y te siguen pasando las mismas cosas, las mismas cosas, las mismas cosas... una y otra vez, una y otra vez, una y otra vez; como las olas. Vienen y van, vienen y van, vienen y van, vienen y van, van..., van..., van..., azul turquesa; azul posidonia. Dejo la caracola encima de la estantería, al lado de los novios que me regaló mi hermana; son de porexpan y el vestido de la muñequita es como el de mi hermana, con flores en la falda y cola y todo; mi cuñado está menos conseguido. (*PAUSA*). ¡Qué rica la comida de la boda! Pero me fui un momentin de nada al lavabo y cuando volví, se habían llevado el solomillo con foie a la frambuesa. ¡Todo está cronometrado! La ceremonia, la salida de los platos, la barra libre... Yo creo que es porque el DJ está todo el rato ambientando y claro..., los camareros se contagian (*IMITANDO AL CAMARERO, LANZANDO EL PLATO*) –Su postre / – ¡Gracias! (*A LO LEJOS*). ¿Qué es? / – ¡Tarta de profiteroles y crema...! ¡He ido a tantas bodas sola! Cuando vas sola a las bodas siempre te colocan en la mesa de las sobras; lo mejorcito de cada casa: la solterona, la que ha querido invitar la madre o el padre, pero que a los novios ni fu ni foie, o el matrimonio que tiene un niño o una niña diabólica...; no nos quieren ni ver, por eso nos ponen en la mesa de las sobras, la mesa que está más lejos de los novios... una vez me pusieron en otra boda. Ya, ya sé lo que estáis pensando: Esta chica, tan maja, tan de buen ver...

cómo es que va sola a las bodas... o lo que es lo mismo... ¿Has tenido novio o novia, o amante o *crush*? Sí, claro que sí, algo de eso he tenido, y hasta he tenido un "no-novio". Un no-novio es un chico que te encanta y se supone que tu a él también, pero un buen día te dice -Es que ahora tengo muchos frentes abiertos. Pero un buen día, se que se ve que se le despejan todos los frentes y acaba viviendo con arquitecta colombiana que se llama Claudia, con una 120 copa D, con el pelo teñido rubio-pollo y un poco quemadito en las puntas...; bueno, eso me han contado. ¿Sabéis cómo llaman los jóvenes de ahora a los no-novios? Los "casialgo"; está bien elegido el término, ¿no? Son los que casi-casi son algo y al final... no son nada; contigo, claro, porque con Claudia... bueno, basta, ¡a trabajar!

PAUSA LARGA.

(*MIRANDO EL CALENDARIO Y ESCRIBIENDO*). Lunes 2, vacío; martes 3, vacío; miércoles 4, vacío; jueves 5, vacío; viernes 6, vacío; Lunes 9, vacío; martes 10, 17:30. Dentista. (*SUSPIRA Y SE TOCA DE NUEVO EL CENTRO DEL PECHO*). E-N-E, E-N-E, E-N-E, E-N-E... E-N-E, E-N-E. Es que ahora resulta que no sé colocar bien la lengua cuando duermo ni cuando trago, ni cuando como... y se ve que eso me está provocando una mordida abierta. E-N-E, E-N-E, E-N-E. La posición correcta de la lengua es la "N", probadlo: E-N-E, E-N-E. (*AL MISMO TIEMPO, SUENA DE FONDO EL DISCURSO DE ALICIA "ESCRIBIR ALGO TAN... TAN PERSONAL E ÍNTIMO HA SIDO TODO UN DESAFÍO PARA MÍ".*) E-N-E, E-N-E, E-N-E, E-N-E, E-N-E... E-N-E, E-N-E, E-N-E...

*SE TAPA LOS OÍDOS PARA NO OÍRLO, SE LOS
DESTAPA Y HA DEJADO DE OÍRSE.*

Hago bolitas de papel y con una pajita, las hago revolotear sobre el escritorio (*LOS ACTORES, CON SENDAS PAJITAS, LANZARÁN BOLITAS DE PAPEL A ALEJANDRA*). –Es otro ejercicio que me ha recomendado el dentista para lo de la mordida–, las dejo caer, una y otra vez, una y otra vez, una y otra vez; como las olas. Reviso de nuevo mis correos, ¿soy masoquista? Puede ser. Un aviso del INEM: Se necesita cocinera para restaurante en Pinto. Vivo en Chamberí; pero de camino puedo leer. Ves..., encima me cultivo. A ver el sueldo... bueno... pues me voy a vivir a Pinto. Soplo de nuevo las bolitas y las cojo antes de que se caigan al suelo. (*LOS ACTORES LANZAN FOLIOS ARRUGADOS A ALEJANDRA*). Lo hago muchas veces y muy deprisa, una y otra vez, una y otra vez, una y otra vez. (*MIENTRAS IMITA EL MOVIMIENTO DEL MAR*). Como las olas, como las olas, como las olas, como olas, como las olas, como las olas. (*CONTINÚA BALANCEÁNDOSE UNOS INSTANTES HASTA QUE PARA*). Siempre me ha gustado cocinar y a lo mejor en el mundo de la cocina no hay tanto patriarcado. ¡Pero eso es en el *mainstream*, que casi todos los chefs famosos son hombres, en la tele..., pero en los restaurantes donde se trabaja de sol a sol y solo se libra medio día; ¡seguro que ahí contratan a más mujeres! (*IRÓNICA*). Sí, qué bien.

*SUENA DE NUEVO EL DISCURSO DE ALICIA,
DE FONDO.*

Cojo mi chaqueta y mi bolso y me miro en el espejo. Odio mi pelo. Ene-Ene-Ene-Ene. Vienen y van, vienen y van, vienen y van, vienen y van...

las mismas cosas, las mismas cosas, siempre las mismas cosas, ¿por qué no lo tendré liso-pijo? Como esas chicas que se levantan por la mañana con el pelo impecable, nada fosco. En-Ene-Ene-Ene-Ene-Ene-Ene-Ene-Ene-Ene-Ene-Ene-Ene-Ene-Ene de ¡Ninguuuuuuuuunnnnnnnn!

TODO QUEDA EN SILENCIO, UN ÚLTIMO FOLIO LE DA EN LA CABEZA. ALEJANDRA LLORA, RESPIRA HONDO. SE CALMA POCO A POCO. COGE LA CARACOLA Y LA POSA EN SU OREJA.

Hola Sergio, ¿tienes un hueco? (...) ¿Ahora? Sí; puedo, qué bien; muchas gracias.

POMODORO 3

CONSULTA DE SERGIO, PSICOANALISTA DE ALEJANDRA.

ALEJANDRA Y SERGIO ESTÁN SENTADOS EN SENDAS SILLAS, EN EL CENTRO DEL ESCENARIO.

SERGIO Alejandra, te comportas como una ONG.

ALEJANDRA ¿Qué?

SERGIO Le cedes el reconocimiento de la autoría y parte de los derechos a tu amiga –estando en paro, además– y se lleva un premio al mejor montaje de... 5.000 euros/

ALEJANDRA Quince mil...

SERGIO Debe estar encantada contigo. (*PAUSA*). ¿Tú no lo estarías?

ALEJANDRA (*SIN PODER CONTENER LAS LÁGRIMAS*). No. Porque yo nunca le haría eso a una amiga.

SERGIO A lo mejor es que no erais amigas.

SERGIO LE ACERCA UNA CAJA DE KLEENEX.

ALEJANDRA Gracias. (*PAUSA*). De pequeña, mis padres me apuntaron a natación. Y el primer día, el profesor nos dijo que no nos tirásemos a la piscina grande y yo obedecí. Y a mí y a alguna más que le hicimos caso, nos puso en el grupo de las que no sabíamos nadar, el grupo de las patosas. Y a las que no le obedecieron, las puso en el grupo de las que sí sabían, las guais –y eso que muchas no sabían nadar porque se quedaban donde no cubría. Y yo no entendía porque el profesor había hecho eso; yo... había confiado en él, porque era el profesor.

Catártica

ALEJANDRA SE LO QUEDA MIRANDO.

SERGIO ¿En qué piensas?

ALEJANDRA ¿Eh? No, en nada.

SERGIO No, di.

ALEJANDRA No, que..., estaba pensando que siempre llevas camisas muy bonitas y me daba corte decírtelo.

SERGIO Ah, ¿sí? Quizá es que... te recuerdo a tu padre, también llevaba camisas/

ALEJANDRA ¡Qué tópico! No, no, decía las tuyas, tus camisas, a ver que mi padre también lleva camisas bonitas, el hombre; pero decía las tuyas..., a ver que también te quedan bien porque tienes buenos hombros, siempre lo he pensado.

PAUSA INCÓMODA.

SERGIO Cuéntame más sobre lo de la piscina.

ALEJANDRA Casi me ahogo.

SERGIO ¿En la piscina pequeña?

ALEJANDRA No. Un día fui con mis padres a la piscina municipal y me tiré de cabeza a la de los mayores; y otra vez en la playa, en Tarragona, me alejé mucho de la orilla.

SERGIO Y después, ¿le cogiste miedo al agua?

ALEJANDRA No; me sigue gustando ir a dónde no me cubre.

SERGIO ¿Y qué conclusión sacas?

ALEJANDRA ¿Que me lanzo a la piscina?

SERGIO Sí. Y eso es algo que tienes que valorarte, Alejandra. No todo el mundo se atreve; pero no saltes a lo loco: planifica cada carrera, piensa en tus estrategias, observa tus sensaciones..., respira, descansa si lo necesitas.

ALEJANDRA (*LLORANDO*). Buena analogía, sí.

SERGIO LE VUELVE A ACERCAR LA CAJITA.

ALEJANDRA ¿Los psicoanalistas podéis abrazar? Perdona... , primero lo de los hombros, ahora lo de abrazar, perdona...

SERGIO No te preocupes.

PAUSA LARGA.

ALEJANDRA ¿No has pensado en cambiar la decoración?

SERGIO ¿Qué? No, ¿por qué?

ALEJANDRA Es como muy...

SERGIO ¿Masculina?

ALEJANDRA No. (*PAUSA*). Fea.

SERGIO Vaya, estás progresando. (*PAUSA*). Dime cosas que no te gusten.

ALEJANDRA Los cojines pequeñitos, los odio; ¿no los había más pequeños? No sirven para nada, y si al menos bonitos, y los muebles..., parecen, no sé, como... como de terrateniente, se comen mucho espacio, ¿que estamos en los ochenta?

SERGIO Me refería a tu vida, a cosas que no te gusten de ti o de tu día a día.

ALEJANDRA (*EXCUSÁNDOSE*). Ah..., bueno, hay cosas chulas.

AMBOS RÍEN.

ALEJANDRA No me gusta ningunearme, ni que me ninguneen; me gustaría ser menos /

SERGIO Alejandra, no vas a cambiar.

ALEJANDRA Ah, pues ya me quedo más tranquila.

SERGIO Pero puedes domesticar esa ansia de priorizar al otro.

ALEJANDRA Si yo fuera una ONG, ¿qué nombre me pondrías?

SERGIO ¿Textos sin fronteras?

AMBOS RÍEN.

ALEJANDRA ¿Por qué es tan difícil?

SERGIO ¿El qué?

ALEJANDRA Vivir.

SERGIO Alejandra, mantén un pie en tu rareza, en tu mundo; pero el otro...

ALEJANDRA ¿El otro qué? (*PAUSA*). ¿El otro qué?

SERGIO Alejandra..., creo que tienes que empezar a nadar sola.

ALEJANDRA ¿Estás rompiendo conmigo? Quiero decir... ¿Ya no tengo que venir más?

SERGIO ¿Tú qué crees?

ALEJANDRA Que los cojines son feísimos.

OSCURO.

ALEJANDRA (*AL PÚBLICO*). Todas las relaciones se me tuercen; como si al nadar, me fuera a otra calle. (*PAUSA*). Gary Cooper contempla el horizonte encima de la llanta de un Chrysler; me imagino que azul o gris porque la foto es en blanco y negro. ¡Qué guapo! (*COGIENDO UN TEMPORIZADOR EN FORMA DE TOMATE*). Hoy estoy probando la técnica

Pomodoro, que consiste en usar un temporizador para dividir el tiempo en intervalos fijos llamados pomodoros, de 25 minutos de actividad, en mi caso de escritura, seguidos de 5 minutos de descanso, con una pausa más larga cada cuatro pomodoros. Y vuelta a empezar. Un pomodoro se puede alargar, si te envalentonas, puede durar media hora, o una, o más. Pero nunca, nunca se puede interrumpir un pomodoro; si interrumpes un pomodoro... vuelta a empezar. (*PAUSA*). ¡Funciona! (*MIRANDO EL CALENDARIO*). ¡Estoy tan motivada! Lunes 11, enviar *videobook* a directores de *casting* / Escribir. Martes 12, enviar videobook a representantes / Escribir. Miércoles 13, contactar con productoras y editoriales / Escribir. Jueves 14, no enviar nada más hasta el martes porque es... (*SUSPIRA*). Puente. (*PAUSA*). En España, antes y después de un puente, es mejor no mandar nada, a nadie.

LA ACTRIZ Y EL ACTOR SENTADOS EN SUS PUESTOS DE "DESCANSO", INTERVIENEN:

ACTOR   Ni en agosto ni en septiembre.

ACTRIZ   Ni a principios de enero.

ALEJANDRA   Cierto. Es mejor esperar a después de Reyes.

ACTRIZ   No, mejor esperar a finales de enero.

ACTOR   No, mejor esperar a febrero.

ALEJANDRA   Sí, mejor enviar e-mails de febrero a junio.

ACTOR   Pero no antes o después de un puente.

ACTRIZ   Ni en fin de semana.

ALEJANDRA   Ni en Semana Santa.

ACTOR   Ni los lunes.

ACTRIZ   Ni los viernes.

ACTOR   ¡Ni los puentes!

ACTRIZ   Que sí, ¡qué pesadito! ¡Ni los puentes!

ALEJANDRA   Bueno, ánimo chicos; seguro que pronto nos llaman de algo y /

SUENA EL TEMPORIZADOR.

ACTOR   ¡A lo mejor es de una serie!

ALEJANDRA   O mi madre.

ACTRIZ   O *spam*.

CONVERSACIÓN TELEFÓNICA.

Hola; sí, soy yo (...) Sí, sí, claro, qué bien, sí, puedo. (*LOS ACTORES RECRIMINAN A ALEJANDRA*). Bueno, voy a ver si puedo. (*DESPUÉS DE UNA PAUSA PRUDENCIAL*). Pues sí, se ve que puedo, puedo. (...) Ahí estaré, gracias.

ALEJANDRA   ¡Estoy flipando! Han escogido mi obra para una beca de residencia en un teatro. ¡Estoy feliz, me siento feliz! ¡No, estoy felizmente flipando! Esto es lo contrario a escuchar un audio de cuatro minutos; esto es casi, casi... como estar en Menorca.

OSCURO.

POMODORO 4

EN UNA SALA DE TEATRO ALTERNATIVO.

TORVALDO, ALEJANDRA Y CARMEN ESTÁN HACIENDO LA PRIMERA LECTURA DE LA OBRA DE ALEJANDRA, SENTADOS EN MEDIO DEL ESCENARIO.

TORVALDO Todo está muy bien escritito, como muy bien atadito.

ALEJANDRA Gracias. Venga, vamos a leer desde el principio, hasta la página...

TORVALDO (*SUBIÉNDOSE AL RESPALDO DE LA SILLA*). Así os veo major.

ALEJANDRA Ah, jeje, bueno, pues vamos a/

CARMEN HACE LO MISMO. Y FINALMENTE ALEJANDRA SE APOYA EN EL RESPALDO DE SU TABURETE, INTENTANDO MANTENER EL EQUILIBRIO.

ALEJANDRA Bueno, pues vamos a leer... (*A TORVALDO*). ¿Y tu texto?

TORVALDO (*SEÑALANDO LA SIEN*): Aquí, todo aquí.

ALEJANDRA Ah, pues, muy bien, pues ya le pasamos las notas, si eso, Carmen, eh. Bueno, vamos a leer desde la página uno a la diez/

TORVALDO Muy bien, y tú nos vas diciendo, ¿no, Carmen?

ALEJANDRA Yo iré cortando si necesito deciros /

TORVALDO Pero... ¿Tú vas a actuar y a dirigir?

ALEJANDRA Sí. Vamos a leer desde la página uno a la diez... (*AL PÚBLICO*).

Me voy a casa sin tener claro si ha ido del todo bien la lectura pero al día siguiente vuelvo motivada. (*A CARMEN Y A TORVALDO*). ¡Muy bien! ¡Carmen haces de mí, por favor?

CARMEN Claro.

ALEJANDRA Hoy haremos la puesta en escena de aquí a aquí: cuando se encuentran los personajes; él se va acercando y ella alejando, pero siempre están el uno con el otro. (*A TORVALDO*). Imagínate un hilo invisible entre ellos y que /

TORVALDO Que no estamos en un telar, je, je.

ALEJANDRA Es importante descubrir por el camino /

TORVALDO ¿Ahora vamos a hacer senderismo?

ALEJANDRA Céntrate, por favor; es que si comentas todo lo /

TORVALDO Yo estoy centrado. ¿Y tú?

ALEJANDRA (*A TORVALDO*): También.

CARMEN Estamos todos centrados.

PAUSA LARGA.

TORVALDO Estupendo.

ALEJANDRA Sí, estupendo. (*PAUSA*). Vamos a seguir. Cuando yo te digo "¿Y si yo no quiero una explicación?" Y tú me contestas "¿No la quieres? Entonces eres tú, la que ha cambiado"; te vas soberbio, pero antes te detienes un instante, y finalmente te vas. Vamos allá. (*PAUSA*). ¿Y si yo no quiero una explicación?

TORVALDO (*IMPOSTANDO MUCHO Y CON TICS EN LAS MANOS Y EN LOS OJOS*): ¿No la quieres? Entonces eres tú la que ha cambiado.

OTEA HACIA EL TECHO DOS VECES Y SE
VA. CARMEN APLAUDE, PERO SE DETIENE
PORQUE SE DA CUENTA DE QUE NO ESTÁ EL
AMBIENTE PARA CELEBRACIONES.

ALEJANDRA Bien, bien..., pero no hace falta que enfatices las palabras con las manos, ni eso que haces con los ojos, buscando como en el aire; no tengas miedo de no hacer nada; dilo más neutro porque /

TORVALDO ¿En qué quedamos? ¿Neutro o soberbio?

CARMEN Yo creo que lo que Alejandra quiere decir es que /

ALEJANDRA Gracias Carmen. Sigo yo. (*A TORVALDO*). Lo que quiero es que se perciba lo que el personaje intenta ocultar, ¿me explico?

CARMEN Y TORVALDO (*A LA VEZ Y RESPECTIVAMENTE*) Sí /No.

ALEJANDRA (*AL PÚBLICO*). Una amiga viene a ver un ensayo. Y cuando acabamos /

TORVALDO ¿Cómo lo has visto todo?

AMIGA Bastante bien. Hay detalles que mejorar, pero yo creo que el trabajo básico está y me encanta esa rareza que desprende la obra.

ALEJANDRA ¿Sí? Una amiga mía siempre me decía que no perdiera/

TORVALDO ¿Entonces no la echo?

AMIGA Y ALEJANDRA (*A LA VEZ*): ¿Qué?

PAUSA LARGA.

ALEJANDRA Torvaldo, mira, te..., te quería decir que no me gustan las bromas bajoneras.

TORVALDO ¿Qué quieres decir?

ALEJANDRA (*AL PÚBLICO*). Estrenamos y algunos amigos me felicitan.

AMIGA Enhorabuena, ¡está muy bien!

TORVALDO ¡Dale caña! Que no se le suba a la cabeza, je, je.

ALEJANDRA (*A CARMEN*). ¡Es que no lo aguanto!

CARMEN Es que él es así, mujer; no le hagas caso.

ALEJANDRA No te estás posicionando, Carmen.

CARMEN De verdad..., es que no sé qué quieres que haga.

ALEJANDRA Déjalo; si no lo ves, no lo ves. (*AL PÚBLICO*). ¿Que si Torvaldo nunca me dijo nada bueno?

TORVALDO (*DESDE LA LEJANÍA*): Sí; lo de muy bien escritito y atadito.

ALEJANDRA (*AL PÚBLICO*): Y yo acabé agotada y arruinadita, porque la beca –que agradezco– solo cubría una pequeña parte de los gastos del montaje. (*PAUSA*). Meses después...

TORVALDO Alejandrita, ¿cómo estás? Te llamo para ver si has colocado nuestra obra. (*MIENTRAS SE SIENTA*). Si quieres te ayudo a moverla, tengo un colega / que puede /

ALEJANDRA ¿Torvaldo, puedes quedar esta tarde para un café?

> LA ACTRIZ ADOPTA EL ROL DE CAMARERA Y LES DA UNOS VASOS A LOS ACTORES.

ALEJANDRA (*SENTÁNDOSE*). Si vuelvo a montar la obra, no la haré contigo. (*A LA CAMARERA*). Gracias.

TORVALDO Ah, ¿y eso?

ALEJANDRA Es que no me sentí bien contigo.

TORVALDO   Vaya. No, no me esperaba que me dijeras eso. Yo..., no me esperaba que me dijeras eso...

ALEJANDRA   Es que no me gustaban tus bromas bajoneras, y cuando te daba una indicación /

TORVALDO   De verdad, me dejas..., en veinte años de profesión, NADIE me ha dicho algo así; pregunta a cualquiera, todo el mundo te dirá que es una maravilla trabajar conmigo.

ALEJANDRA   Todo el mundo es mucha gente, ¿no?

TORVALDO   Yo creo que en ese entonces estabas débil, que lo entiendo, a lo mejor estabas nerviosa por todo lo que tenías que hacer y /

ALEJANDRA   (*LEVANTÁNDOSE*): ¡Qué te vaya bien, Torvaldito! (*A LA CAMARERA*). ¿Me cobras, por favor?

TORVALDO   ¡No! ¡Pago yo!

ALEJANDRA   (*MIENTRAS SE VA*). Estupendo.

TORVALDO   ¡Sí, estupendo! (*PAUSA*). ¡Espera! ¡Que no me refiero a débil en plan sensible, como cuándo tienes la regla!

ALEJANDRA   Perdona, pero me tengo que ir; tengo una reunión importante.

TORVALDO   Pregunta a cualquiera, a cualquiera..., trabajar conmigo es una maravilla. (*A CARMEN*). ¿A qué sí, Carmen?

CARMEN   Ahora sí que lo veo.

TORVALDO   ¿El qué?

CARMEN   Te trata mal un señoro /

TORVALDO   ¿Señoro?

CARMEN (*A ALEJANDRA*). ¡Un gilipollas!

TORVALDO ¡Pero Carmencita!

CARMEN Y tienes que ir en plan autoayuda y haciéndote tú cargo de todo.

ALEJANDRA Y tienes que ser asertiva...

CARMEN Pero dulce...

ALEJANDRA ¡Y no puedes perder nunca los papeles!

CARMEN Feminista sí.

ALEJANDRA ¡Pero sin pasarse!

CARMEN No vaya a ser que se moleste a algún...

CARMEN Y ALEJANDRA (*A LA VEZ*): ¡Ofendidito!

TORVALDO ¿El ofendidito soy yo?

ALEJANDRA Y CARMEN CHOCAN LAS MANOS.

ALEJANDRA ¡Qué a gusto me he quedado!

CARMEN ¡Pues anda que yo!

TORVALDO (*A CARMEN*). Habéis perdido a la mitad del público. Seguro que habéis incomodado a muchos /

CARMEN Que sí, que sí; ¡maravilla!

POMODORO 5

DESPACHO COOL DE DOS CEO DE UNA PRODUCTORA DE TELEVISIÓN.

LOS DOS CEO Y ALEJANDRA ESTÁN SENTADOS SOBRE PELOTAS DE PILATES.

CEO 2 ¡Maravilla! ¡Tu voz cándida pero no!

CEO 1 Ingenua pero no.

CEO 2 *Naïf* pero no.

CEO 1 ¡Eso es! ¡Son tus "pero no" lo que nos atrapa!

ALEJANDRA ¡Entiendo... pero no!

CEO 1 Y además, ¡lo cuentas todo tan... casual! Yo creo que es por tu faceta de monologuista, nos gusta ese toque tan fresco y nuevo /

CEO 2 ¡Sí, como de amiga poco producida!

LOS CEO MIMAN LA CONVERSACIÓN SOBRE LAS VIRTUDES DE LA ESCRITURA DE ALEJANDRA.

ALEJANDRA Ah, gracias. (*AL PÚBLICO*). Años queriendo que me consideren una dramaturga y una guionista seria y lo que más les atrae es el toque *stand up*, si llego a saberlo antes...

CEO 2 Y tu personaje es tan... tan...

CEO 1 Tan Samantha Hudson.

ALEJANDRA (*AL PÚBLICO, MUY CONTENTA Y SORPRENDIDA*). ¡Hala, qué guay! (*A LOS CEO*). Gracias.

CEO 1 ¿Y quién lo dirigirá?

ALEJANDRA Yo.

LOS TRES GUARDAN SILENCIO, MUY QUIETOS,
DURANTE UNOS SEGUNDOS.

CEO 2   ¡Bien!

CEO 1   Sí, es que no vemos a nadie más dirigiendo tu mundo. Tú eres la voz fresca y nueva que estábamos buscando y nosotros estamos aquí para acompañarte, Alejandra.

CEO 2   Queremos que des voz al drama de tu generación.

ALEJANDRA   (*AL PÚBLICO*): ¡Uf, qué responsabilidad!

CEO 1   ¿Y has pensado en algún actor para el personaje del productor? ¿Quizá el actor que hizo contigo tu obra...?

ALEJANDRA   (*AL PÚBLICO*). Antes me corto las manos y los pies. (*HACE AMAGO DE VOLVER HABLAR CON CEO 1, PERO ANTES SE DIRIGE DE NUEVO AL PÚBLICO*). Bueno, los pies y luego las manos, porque si no, no... (*AL CEO 1*). No; prefiero otro tipo de actor.

CEO 1   Pues el que más nos encaje.

ALEJANDRA   Estupendo.

CEO 2   Lo que queremos es contar una historia de realización personal; al final ella tiene éxito en el trabajo y en el amor /

ALEJANDRA   (*LEVANTÁNDOSE*). ¿Y si no lo encuentra? ¿O no lo quiere?

CEO 2   ¿Qué?

ALEJANDRA   Que a lo mejor no hay happy end, a lo mejor es más interesante contar que las cosas no son cómo imaginamos, que el fracaso existe, en el trabajo, en las relaciones...

CEO 2   Pero el personaje se realiza..., se supera.

ALEJANDRA   Sí. ¡Todos los días se lanza a la piscina!

CEO 2   ¿También es nadadora?

ALEJANDRA   No; es una metáfora.

CEO 2   (*DEJÁNDOSE CAER A LO LARGOD E LA PELOTA*).- ¡Ah, una metáfora!

> *CEO 1 AYUDA A LEVANTARSE A CEO 2 Y SE BESAN APASIONADAMENTE.*

CEO 1   (*A CEO 2*).- ¿Plan B?

CEO 2   Sí, plan B. (*A ALEJANDRA, LEVANTÁNDOLA Y LLEVÁNDOLA HACIA PROSCENIO*).- ¿Qué te parece... que ella tenga un accidente y no sé..., quede impedida de cintura para abajo?

ALEJANDRA   Hombre, pues, no sé, yo prefiero que ande/

CEO 2   Entonces de cintura para arriba y ella tiene que escribir con el pie, ¡cómo Daniel Day-Lewis! ¿Cómo lo ves, Alejandra?

ALEJANDRA   Difícil, lo veo difícil.

CEO 1   Sí, sí; yo también lo veo. Sí. (*SOSTENIENDO LA MANO DE ALEJANDRA COMO SI ESTUVIERA HACIÉNDOSE UNA MANICURA*). ¡Y cómo ella es tan creativa, se deja las uñas del pie largas, en plan Rosalía!

ALEJANDRA   Pues más difícil todavía, ¿no?

CEO 2   (*COGIENDO LA OTRA MANO DE ALEJANDRA*) ¡Y su mejor amiga es su manicura vietnamita, y así es una serie inclusiva!

CEO 1   ¡Pero... la manicura solo le puede pintar las uñas con su mano izquierda porque es manca!

CEO 2 (*LEVANTANDO LA MANO DE ALEJANDRA Y CERRÁNDOLE EL PUÑO*) ¡No, no... mejor que lleve una prótesis que ahora están muy de moda, está Instagram plagado de *influencers* con prótesis!

CEO 1 ¡Sí, sí! ¡Con colores chillones, como Fridha Kahlo que se pintaba los corsés ortopédicos!

CEO 1 Y CEO 2 CHASCAN LOS DEDOS Y CELEBRAN SUS OCURRENCIAS REPITIENDO LA ACCIÓN CASI COMO BAILANDO UNA SARDANA.

ALEJANDRA Pero entonces es otra serie, ¿no?

CEO 1 Y CEO 2 SE MIRAN UNOS INSTANTES.

CEO 2 ¿No te gustan las series inclusivas?

ALEJANDRA Sí, sí, me encantan, pero/

CEO 1 ¿Ni los mancos?

ALEJANDRA Sí, sí, quiero decir, claro que sí... de hecho en la primera, en la tele hay un presentador con el brazo cortito y yo pienso pero por qué solo presenta el programa de la ONCE, si lo hace genial, y también pondría presentadoras ciegas y sordas... pero es que mi serie va de mí, a ver que puedo incluir a/

CEO 2 Sabes qué... Alejandra...

ALEJANDRA ¿Qué?

CEO 1 Vete.

ALEJANDRA Pero...

CEO 2 Sí, vete a casa y dale una vuelta; o mejor quedamos un día, con unos vinitos y vemos el giro, ¿te parece?

CEO 1 Claro que sí, Alejandra, ¡a por todas! ¡Ya te llamaremos!

CEO 2   ¿Quién viene ahora?

CEO 1   El de la modificación extrema.

CEO 2   ¿El de la lengua bífida? ¡Maravilla!

ALEJANDRA SE COLOCA DE NUEVO EN EL PIE DE MICRO Y SE PONE LA AMERICANA DE LENTEJUELAS.

ALEJANDRA   (*MIENTRAS SE PONE LA AMERICANA Y SE COLOCA EN EL CENTRO DEL ESCENARIO EN EL PIE DE MICRO, Y LOS DOS ACTORES SE LLEVAN SUS SILLAS Y ABANDONAN EL ESCENARIO*): ¡Sí, a por todas! (*PAUSA*). Necesito un margarita frozen; doble. Para los que no lo hayáis probado nunca, el Margarita Frozen es el mejor cóctel del mundo; no uno de los mejores; el mejor, seguido del Bloody Mary, que tampoco está mal.

PAUSA LARGA.

Estoy en el portal de Alicia, llamo al portero automático y ella me responde. / ALICIA ¿Quién? / ALEJANDRA Cartera comercial. / ALICIA Déjalo en el buzón. / ALEJANDRA Yo insisto y ella me contesta: En el buzón, ¡pesada! / ALEJANDRA Es una notificación... de, de un premio. / ALICIA *Oh, my God*, ¡sube! / ALEJANDRA Y Alicia me espera a la salida del ascensor, impaciente, se abre la puerta y me ve *–Oh, my God*. Y yo la cojo de los pelos y nos peleamos a cámara lenta, con la música de "Carros de Fuego" de fondo, y le doy un puñetazo –y detalle importante, llevo anillos *punkarras*, de esos que dejan un buen mordisco en la cara–. Y Alicia se toca la mejilla, llora y grita de dolor. Y se asoman sus vecinos y sus vecinas al descansillo, su familia y hasta Iker Jiménez, que casualmente está veraneando por la zona.

E Iker, se solidariza conmigo porque él presiente el mal y, por lo que sea, lleva sotana y empieza a insultar a Alicia, vehementemente. / IKER ¡Lo que has hecho no tiene nombre! ¡Zorra! ¡Zorra! / ALEJANDRA No seas machista, Iker, el maligno no tiene género. (*APARTE AL PÚBLICO*). Esto... un apunte... esto lo escribí en 2022, maldita Nebulosa... / IKER Cierto amiga mía, ¡el maligno no tiene género! ¡Zorro! ¡Zorre! / ALEJANDRA ¡Zorre! y después, por lo que sea..., Iker saca una catana de su sotana y empieza a dibujar infinitos en el aire con ella. / ALEJANDRA Oh, Iker, ¡qué chulada! ¿Me la prestas? / IKER Claro, querida. Y yo, por lo que sea, también manejo con mucha maestría la catana. / IKER No es una catana, querida, es una *naginata*, usada por un grupo reducido de mujeres llamado onna-mushi que luchaban como samuráis en el Japón feudal. / ALEJANDRA Rectifico, mientras yo, por lo que sea, manejo con maestría la naginata, Iker rocía a Alicia con agua bendita traída de la catedral de Santiago de Compostela y le grita –¡Ya no engañarás a nadie nunca más, malignidad! Y Alicia se transforma en la muñeca bizca de la peluquería y tiene pelo de alambre y le sale humo de la cabeza–. Inciso: Si hay alguna persona bizca en la sala, perdón, ser bizco no... vamos que no es criticable. Es más, a mí Cristopher Lambert me encantaba, el actor de Greystoke..., una versión que se hizo de Tarzán... ¿Hay mucho público joven esta noche, no? Bueno... ¿Por dónde iba? Ah sí, sí y a Alicia le sale humo de la cabeza y empieza a gritar como una posesa –¡No, por favor! ¡Me arrepiento! ¡Me arrepiento! ¡*My God*! ¡Noooooooo! ¡Noooooooo!

/ ALEJANDRA E Iker, que está on fire... con una cruz en la mano... / IKER (*APUNTÁNDOLA CON UNA CRUZ IMAGINARIA*). ¡Demuéstralo, Satanás! / ALICIA (*PROTEGIÉNDOSE CON LAS MANOS*). Sí, sí, lo demuestro: quiero agradecer a Alejandra su saber hacer y su generosidad; sin ella este texto no existiría. / IKER Repite su nombre, ¡animal rastrero! / ALICIA Alejandra supo... / ALEJANDRA (*A IKER*): Y el apellido, por favor, Iker. / IKER Claro, amiga mía; disculpa. (*A ALICIA*). ¡Y el apellido, escoria de la vida! / ALICIA Alejandra Espínola supo crear una historia honesta y sensible y yo la traicioné. / ALEJANDRA ¿¡Qué grande, Paquita; verdad, Iker!? / IKER ¡Es lo más! / ALEJANDRA E Iker y yo le cantamos a Alicia la canción de la gran Paquita la del Barrio. (*ENTONANDO*). "Rata inmunda, animal rastrero, escoria de la vida, adefesio mal hecho e infrahumano, espectro del infierno, ¡cuánto daño me has hecho! alimaña, culebra ponzoñosa, deshecho de la vidaaaa, ¡te odio y te desprecio!". / ALEJANDRA ¡Qué subidón! ¿Por dónde íbamos? Y Alicia, con un hilito de voz... / ALICIA ¿Por lo del apellido? / IKER (*A ALICIA*): Ah sí; gracias, escoria. / ALEJANDRA Ah, ¡Y también me copió la chaqueta para dar su discurso asqueroso en el que no me mencionó! / IKER *Oh, ¡my god!* (*A ALICIA*). ¿Es que tu maldad no tiene límites, rata de dos patas? (*APUNTÁNDOLA DE NUEVO, CON LA CRUZ IMAGINARIA*). Repite conmigo "Alejandra Espínola supo crear una historia inspirándose en mis vivencias". / ALICIA Alejandra Espínola supo crear una historia inspirándose en mis vivencias. / IKER "E inventándose otras". / ALICIA E inventándose otras. / IKER "Y regalándome suyas, también". / ALICIA Y regalándome suyas, también. / ALEJANDRA ¡Qué exigente Iker! / IKER No mereces menos, querida mía. (*A ALICIA*). Y tú, sanguijuela, no hace falta que le des a Alejandra el dinero de autoría, pero/ / ALEJANDRA A ver..., falta, falta... / IKER (*A ALICIA*). Pero vas a sufrir lo que no está escrito, esperpento abominable, vas a venir conmigo... / ALICIA No, por favor... / IKER Sí, vas a venir conmigo... a la Nave del misterio. / ALICIA No, ¡a la nave no! / IKER ¡Sí, a la nave sí!. ¡Vivirás tormentos inimaginables: se te caerán las uñas y te picará la cabeza, pero no podrás rascarte, también te quedarás mellada por la piorrea y tu aliento alejará a toda criatura viviente. Cállate, ¡malignidad! / ALICIA ¡Pero si no he dicho nada! / ALEJANDRA (*A ALICIA*). Es que te tiene enfilada, ya no remontas. / IKER ¡Te voy a meter la *naginata* por el co... / ALICIA ¡Noooooooo, eso no!! / IKER (*A ALICIA*). ¡Basta!, ¡No quiero oír tu voz mentirosa!, ¡te cortaré la lengua!, ¡zorre inhumane! ¡Chacal! ¡Vulpes!, ¡Vulpes!

ALEJANDRA (*AL PÚBLICO*). Vaya monólogo final, eh. Y sin drogarme. Bueno, querido público... ya estamos llegando al final; así que solo me queda daros las gracias y/

ALICIA (*APARECIENDO POR SORPRESA*): Me ha encantado lo de la naginata.

PAUSA LARGA.

ALEJANDRA ¿Qué haces aquí? Yo no te he llamado.

ALICIA ¿Así te gustaría vengarte de mí?

ALEJANDRA No te he llamado, no te he escrito, no te/

ALICIA Pero yo sí que te he llamado a ti; muchas veces, veinte, treinta... He perdido la cuenta. Y también te escribí. (*PAUSA*). Pero claro..., de eso no has hablado porque todo lo cuentas desde tu lado, ¿no?

ALEJANDRA No quiero que estés aquí.

ALICIA Ya lo sé.

MIENTRAS ALEJANDRA ALEJA EL MICRO DEL ESCENARIO Y SE QUITA LA CHAQUETA.

ALICIA Tú quieres despedirte del público y dejarme como la mala de la película. Y así tú quedas como la íntegra, la que siempre sabe dónde están sus líneas rojas. Pues sabes qué, Alejandra, no todas las personas lo tenemos tan claro como tú, y a veces no estamos a la altura... y si eres honesta contigo misma, verás que no somos tan distintas.

ALEJANDRA NO CONTESTA. PAUSA LARGA.

ALICIA ¿Sabes que me gasté todos mis ahorros para poder llevar tu texto a escena?

ALEJANDRA Ya los recuperaste, ya.

ALICIA ¿Y que tuvimos que reescribir muchísimo porque empezaste a degenerar con lo del mar y no se acababa de entender qué querías contar?

ALEJANDRA No te costaba nada decir mi nombre, mencionarme y darme las gracias, en público.

ALICIA Ah, claro; eso es... en público.

ALEJANDRA Sí, en público. ¿Por qué no lo hiciste?

ALICIA Porque era mi momento. (*PAUSA*). Cuándo vi que mi actuación le había llegado al público, y al jurado... no solo me veían, me celebraban y me premiaban... me sentí tan bien, tan bien..., como esos días que te sientes guapa, que vas por la calle recién duchada y con ropa buena, y bien peinada... ¡Cómo me aplaudieron, Alejandra! ¡Qué sensación! Como dirías tú, fue casi, casi... como estar en Menorca... y fui feliz... me sentí feliz... y realizada.

PAUSA LARGA.

ALEJANDRA ¿Has terminado?

ALICIA Pero no duró mucho. Lo que dura la resaca del éxito. Y ahora me paso el día en pijama, como en la pandemia. ¿Qué día es hoy?

PAUSA LARGA.

ALEJANDRA Viernes.

ALICIA ¿Ya es viernes?

ALEJANDRA Sí, mira...

LAS DOS MIRAN EL CALENDARIO IMAGINARIO.

ALICIA Ah, pues sí.

PAUSA LARGA. ALICIA SE QUEDA MIRANDO A ALEJANDRA.

ALEJANDRA ¿Qué?

ALICIA No, nada, nada...

ALEJANDRA No, di.

ALICIA No que..., que te podrías haber currado un poquito más mi discurso..., ¡yo no hablo así!

ALEJANDRA (*BROMEANDO*). *More or less...*

ACTOR (*VOICE OVER*). Al menos tú no te llamas Torvaldo.

LAS DOS RÍEN.

ALEJANDRA Me habían dicho que tenías un proyecto...; con la actriz que actuó contigo en el certamen.

ALICIA ¡Qué va! La han cogido en una *prime time* y ya casi ni me saluda; el otro día coincidimos en un estreno y me lanzó un beso y me hizo así con la mano, como diciendo –No, no te acerques, que no hace falta.

ALEJANDRA Ah, mira; buena técnica.

ALICIA La muy rata de dos patas.

LAS DOS RÍEN.

ALICIA ¿Cómo se te ha ocurrido lo de Iker en sotana?

ALEJANDRA No sé; ya sabes cómo soy.

ALICIA Rara..., y me encanta. (*PAUSA*). ¿Nos vemos pronto?

ALEJANDRA Quizás.

ALICIA Quizás, quizás, quizás...

ALICIA SE ALEJA, MIENTRAS LAS DOS ACTRICES SE SONRÍEN. PAUSA LARGA.

ALEJANDRA (*OBSERVANDO EL CALENDARIO, EN EL CENTRO DEL ESCENARIO, DONDE ESTABA EL MICRO, PERO SIN ÉL*). Ya es Navidad. Y mi cumpleaños. (*PAUSA*). Nací el 28 de diciembre. Sin comentarios. (*PAUSA*). En la parte de arriba, el Gordo y el Flaco, en pijama y en la cama, se intercambian regalos; no es mal plan. En la parte de abajo...

PAUSA LARGA.

En la parte de abajo...

PAUSA LARGA.

Me levanto, quito las chinchetas y sostengo el calendario entre mis manos; y lo dejo encima de la mesa del salón, hasta que decida si lo guardo en el cajón de las facturas y papelajos varios o si lo tiro al contenedor de los cartones. (*PAUSA*). Es que me imagino a Paul y a su hija, o a Richard Burton entre paquetes de Amazon..., ¡y me da una pena! (*PAUSA*). No es fácil despedirte de tus mitos.

PAUSA LARGA.

Leo lo que he escrito. Y me doy cuenta, me doy cuenta. (*PAUSA*). Otra vez he vuelto a escribir sobre el desamor, el desafecto y la decepción. (*PAUSA*). Al final era eso; siempre ha sido eso. Me da miedo que no me llamen, que no cuenten conmigo..., que no me quieran... cómo a Alicia. (*PAUSA*). Desde que era niña necesito describir las cosas para entenderlas. No; necesito escribirlas para verlas. ¿Os dais cuenta? Las palabras vienen y van, vienen y van, como las olas, y llegan dónde tienen que llegar. Escribir es mi posidonia; me alienta y me alimenta. Gracias por compartir conmigo esta catarsis. Mucha suerte y hasta la próxima.

OSCURO.

EN LA PANTALLA SE PROYECTA LA IMAGEN DEL CALENDARIO DE LA PÁGINA DE PAUL NEWMAN Y SU HIJA EN LA BARQUITA, Y LUEGO ESTE TEXTO:

'En el fondo marino la posidonia contribuye a la oxigenación del agua, sirve de reserva para peces, moluscos y crustáceos, ya que son lugares de puesta, refugio y alimento. Además, su disposición hace que las olas rompan con menos intensidad en las playas y así evita la pérdida de arena.'

FINALMENTE SE PROYECTA:

'CATÁRTICA'

CONTINUARÁ.

NEWMAN,
anoa con su hija Claire Olivia
el documental 'The Wild Places', de 1974.

ABRIL 2022

Fotogramas

lunes	martes	miércoles	jueves	viernes	sábado	domingo
				1	2	3
4	5	6	7	8	9	10
11	12 *Dentista*	13	14	15	16	17
18	19	20	21	22	23 *Boda*	24
25	26	27	28	29	30	

MARZO 2022
		1	2	3	4	5	6
7	8	9	10	11	12	13
14	15	16	17	18	19	20
21	22	23	24	25	26	27
28	29	30	31

MAYO 2022
						1
2	3	4	5	6	7	8
9	10	11	12	13	14	15
16	17	18	19	20	21	22
23	24	25	26	27	28	29
30	31

LITERATURA

David Paco Zarzoso
Réplicas servidas en verso

De aquella manera Julio César Galán
(Notas para crear una Arcadia)

Teatrillo Pillo Yolanda Fuentes
Textos infantiles, cortos, sencillos y divertidos

No Julio César Galán
(Bocetos de una obra futura)

Utopía Maruxa Duart Herrera
4 textos juveniles · 11 textos infantiles

Céspedes con "e" Alberto Gálvez
El periplo vital de un transexual llamado Elena o Eleno de Céspedes

Ese virus que no somos Asociación Los Glayus
Incluye guía didáctica

Switch Asociación Los Glayus
Proyecto transmedia

Modo Avión Miguel Ángel González
Encontrar o escapar

Doce Vidas Varios autores
Textos teatrales creados desde y para la Diferencia

Tullidos Manu Medina
Estrenado en Sala Tarambana de Madrid

No temáis, yo vencí al mundo Sergio Martínez Vila
Monólogo intenso, con un protagonista histórico: Carrero Blanco

Taxi Girl M. Velasco
Un texto explícito y poético a la vez

La Manada D. Dimeco
Un viaje a la carnalidad más primitiva y a uno de los mayores tabúes

Un vaso de whisky. Auto Buena muerte M. Muñoz Hidalgo
Monólogo para mujer (Trilingue). Auto Sacramental

Cuando llega la noche M. Muñoz Hidalgo
Isabel I de Castilla

El saber y la renuncia M. Muñoz Hidalgo
La vida de los Santos patronos europeos Cirilo y Metodio

Orikata C. Contreras
Los pliegos del ávida en un locutorio

Huellas en la piel Y. Marini y A. Cremades
La vida deja huellas difíciles de borrar

Quinta avenida esquina con qué Paul M. Viejo
Poesía hecha teatro

Edouard de Morón T. Lorente
Un cuento para adultos contra la guerra

Medicarte I. López
Una sala de espera y seis consultas

QuiXotada Légolas
El Quijote filtrado en clave de clown

Sainetes con la premisa de hacer mearse de risa J. Cedena
6 sainetes con toda una declaración de intenciones

Sainetes medicinales J. Cedena
5 sainetes que no curan pero ayudan

Como Cervantes J. Aranda
Obra de teatro con estudio de personajes

Más Teatro Canalla F. Martín Iniesta
Cinco piezas con un lenguaje muy particular

Que Dios nos pille confesados Varios
Narraciones bíblicas representables

Cuando los paisajes de Cartier-Bresson J.P.Peyró
Obra de teatro con notas de gestión teatral

La única muerte de Marta Cincinnati A. Ballester
Obra de teatro con notas para ir al teatro

Pinocho C. Baldwin
Obra de teatro con cuaderno pedagógico

Solo Goya A. Palerm
Obra de teatro con cartas autógrafas y un juego

La Saturna D. Miras
Obra de teatro con estudio dramatúrgico

Dos Pastiches de Juventud F. Nieva
Dos obras de teatro con figurines a color

Cosima C. Baldwin
Obra de teatro con cuaderno pedagógico

eTEATRO
Colección ebook de textos teatrales

El desacuerdo de la memoria Sonia Mae
Tragicomedia. Teatro del absurdo

Zapatos Will Smile
El final es dramático e impactante

El tren de las trece (y trece) Antonio Mau
Te embauca, te sumerge en otra realidad

La Herencia Guadalupe Pardo
La libertad femenina

Cosecha del 53 Inmaculada Lorenzana
Humor culto, inteligente y refinado

Sonrisas y Mujeres Miguel A. Orosa
Construcción estética en los entresijos del caos nar

Inka Wasi Miguel A. Orosa
Preocupaciones diarias, miedos, las mayores pregu

La prima de riesgo volvió a subir Pabl
Drama satírico, crítico y moralizador

Cinco horas con Amancio Antonio Gª-Ca
Nadie es lo que parece

El pueblo Santiago Bellizón
Qué vacío, qué solitario... se queda todo

Confesiones antes del fin ... Alberto Gar
Obras de microteatro

El congelador Juan Montenegro
Comedia fría en tres actos

El guapo Mariano García Arzoz
Las casualidades no dejan de ocurrir

Nubes esponjosas Raúl Muñoz
Drama poético. La identidad

Melania Sonia Madrid
Las casualidades no dejan de ocurrir

Dios en la niebla Natalia De la Llana
Dios ¿sigue ahí?

Terapia de choque Eva Redondo
Lo traslúcido y lo opaco

Bengalas para Sara Clarisa Leal
Efímera como la vida

GRAN FORMAT
Recopilaciones de tex•

J. Brossa **Teatro Brossa**

J. Brossa **Posteatro**

Erik Leyton et al **Marqués de Bradomín 2003**

J. Busto et al **Marqués de Bradomín 2002**

P. Campos et al **Marqués de Bradomín 2001**

G. M. Morales et al **Marqués de Bradomín 2000**

eTEATRO
Literatura infantil digital

Grullas de Mil Colores Valeria Arredondo
Juego a través de emociones y sentimientos

Teatrillo Pillo V.1 Yolanda Fuentes
Textos cortos, sencillos y divertidos

Teatrillo Pillo V.2 Yolanda Fuentes
Textos con una temática muy amplia y variada

www.naque•

LIBRETOS DE MANO
Texto completo y fichas técnicas de la obra en cartel

Ñaque o de piojos y actores J. S. Sinisterra
Cada persona es un mundo A. Cremades
Ecos y Silencios Premios Bradomín
Zona Cero Varios
Extinción I. Ramírez de Haro
El día de autos J. Busto
Chamaco A. González Melo
(No son todos ruiseñores) Y. Pallín
Titus Andronicus F. Urdiales
Calderón, ¿Enamorado? J. M. Ruano
Calderón, los clásicos y el flamenco Varios
La fuerza lastimosa Y. Pallín
El mayor hechizo, amor F. Urdiales
Dos amigos de Verona C. Marchena
El Alcalde de Zalamea Calderón de la Barca

AUTORES
Ediciones especiales de autores especiales

Tres monólogs y variaciones J. Sanchis Sinisterra
Más Teatro Casi Completo
La calle del infierno A. Onetti
Con cinco piezas más
Deja el amor de lado J. Sanchis Sinisterra
I Vol. del Teatro Casi Completo
Kafka en escena J. Sanchis Sinisterra
'Teatralidad' en un teatro narrativo
Trilogía de la memoria Antonio Travieso
Es la memoria de muchos que son una

TXTO
De venta exclusiva en libreriadeteatro

M. García Arzoz. Teatro escogido
Todos interpretamos, nos negamos a sabernos
...at. Este no es un lugar adecuado para morir
La mirada de los otros, de los demás
B. Cano. Las Furias de Electra
Es Electra después de Electra
O. Mínguez Pastor. Lo que el tiempo nunca curó
Dolor, silencios, represión, locura
S. Madrid. Contratiempoymarea • Waltus
Plácido y Domingo a la espera de su cita más importante
J. P. Carrasco. El vendedor de balsas
Siempre han existido balsas, éxodos y exilios
B. Cano. Medea versión Beatriz Cano
Relectura del clásico de Eurípides
S. Sampedro. Cecina de Poni
Desconcertante drama cómico sobre el desconcierto
S. Portela. En estado de espera
La exploración ética del aborto
N. de la Llana. Dios en la niebla
Un personaje fáustico perdido en la niebla unamuniana
O. Mínguez Pastor. El atardecer de cristal
La Humanidad cometió atrocidades
V. García Campo. Luz Difusa
La vida transforma a las personas
V. García Campo. El Cuaderno de Elisa
Vivir: un cruce de decisiones
...to Viñoló y C. Lloret. La Hipoteca de nuestra vida
Crisi, hipotecas y las ilusiones que las precedieron
M. Galindo Abellán. Malas. Una de dos
Sea piadoso con su sentencia hacia estas Malas mujeres

COLECCIONES
Adolescer Varios autores
13textosteatrales·13géneros teatrales·13delosmejoresdramaturgos

OBRAS
Textos inéditos selectos

G. Morales Mal olor
Covid-19, confinamiento, desabastecimiento, desconfianza,...
P. Montalbán-Kroebel, A. Cremades Lamento de Jean Nicot
Diferentes planos lingüísticos, rupturas espacio/temporales
E. Llergo Ojalvo Tonto, loco, salvaje
Altas capacidades, TDAH, TEA, síndrome de Tourette en las aulas
J. Sanchis Sinisterra Monsieur Goya (Una indagación)
¿Podría ser este el dibujo de una incertidumbre?
J. Sanchis Sinisterra El lugar donde rezan las putas
Para que lo dicho sea
E. Redondo Ruta 99
El teatro es juego y lupa para entendernos un poco mejor
J. Sanchis Sinisterra Sueños y visiones del Rey Ricardo III
Qué pasó la noche anterior a la batalla
J.M. Corredoira Diferencias sobre la muerte
Tres diferencias
A. Travieso Hamlet está dormido
El tiempo. El caos interior
B.Ortiz de Gondra El barbero de Picasso
Exilio y amistad
J. Alonso de Santos Un hombre de suerte
Un actor retirado cumpliendo una promesa
J. Sanchis Sinisterra Flechas del ángel del olvido
Mayra, Veronica, Margarita, Celia... X
F. Cabal Tejas Verdes
7 mujeres. Una mujer. 7 historias. Una historia
P. Pedrero Beso a beso
Besos de mujer. Los cuentas ellas solas o en pareja.
I. Amestoy De Jerusalén a Jericó
Paula. ¿Dónde está la normalidad?
J. Mira Asalto de cama
Premio Tricicle de teatro de Humor
J. Alonso de Santos Yo Claudio
Clau-Clau-Claudio. Todo el mundo se ríe de ti.
S. Belbel Forasteros
Siempre piensan en sus familiares, los vivos y los muertos
J. Sánchis Sinisterra Teatro menor
Vacio. Pervertimiento. Mísero prospero. Otras poquedades...
A. Álamo Cantando bajo las balas
El primer acto franquista después de la guerra contado por...
L. Cunillé Aquel aire infinito
Un Ulises contemporáneo frente a frente a Electra, Fedra, Medea y Antígona
R. Mendizábal Crímenes horrendos
El exceso procura aquí una carcajada amarga
A.Onetti Madre Caballo
Una realidad social, tragedia para muchos andaluces
J.R. Fernández, L.M. González y A. Solo 30° de frío
Conocí a un hombre desmedido. El creyó mover el mundo con sus manos
D. Facal La pesadilla de Kepler
Yo flotaba en el espacio. El universo seguía las leyes de Kepler
B. Ortiz de Gondra Miguel de Molina
El final del cantaor de copla
D. Facal Obras incompletas (2003-2008)
Morfología de la soledad. Kellogg's Politik. Madrid laberinto XXI
Ron Lalá Mundo y final
Un libro disco de un espectáculo musical hilarante
F. J. López Cuando fuimos dos
Una pareja. Lo difícil que es ser uno cuando se es dos
B. Ortiz de Gondra Duda Razonable
Un drama policiaco sin policías
T. Motos Sylvia, leona de Dios
Más allá de los límites del convencionalismo